Helen Janina Sülflow

Der Elefant in meinem Kopf

AF210920

Helen Janina Sülflow, von den meisten nur Jani genannt, wusste schon, dass sie Autorin werden wollte, bevor die meisten von uns überhaupt schreiben konnten. Seit ihren Anfängen mit Harry Potter Fan Fiction ist sie weit gekommen. Nach einem Studium in Deutsche Literatur und Skandinavistik und den ersten Veröffentlichungen von Gedichten und Kurzgeschichten kommt jetzt ihr erstes Sammelwerk *Der Elefant in meinem Kopf.*

Helen Janina Sülflow

Der Elefant in meinem Kopf

Geschichten und Gedichte

Bibliografische Information der Deutschen Nationalbibliothek:
Die Deutsche Nationalbibliothek verzeichnet diese Publikation in der
Deutschen Nationalbibliografie; detaillierte bibliografische Daten sind
im Internet über http://dnb.dnb.de abrufbar.

Lektorat: Julika Dieterle, Leah Köth
Korrektorat: Julika Dieterle, Leah Köth
Cover: Annika Siebert

Herstellung und Verlag: BoD – Books on Demand, Norderstedt

ISBN: 978-3-759-77051-6

Für Leah, die meinte „Why not" als ich überlegt habe, dieses Buch zu veröffentlichen.

Triggerwarnung

Dieses Buch enthält sensible Themen, einschließlich Depressionen, Suizid und Tod. Einige Leser*innen könnten diese Inhalte als verstörend oder belastend empfinden. Bitte lies dieses Buch nur, wenn du dich emotional dazu in der Lage fühlst. Solltest du während des Lesens Unterstützung benötigen, zögere nicht, professionelle Hilfe in Anspruch zu nehmen oder dich an vertrauenswürdige Personen in deinem Umfeld zu wenden.

Inhaltsverzeichnis

Ich

ICH BIN

Ich bin nicht gut genug.
Ich bin voller Wut,
weil ihr mir das immer sagt,
weil ihr so tut, als hätt' ich versagt.

ALLES UND NICHTS

Bin von allem etwas, aber nichts so richtig.
Ich weiß nicht. Was ist mir wichtig?
Gehör zu allem und jedem,
Was will ich aus alldem?

Gehör zu eurer Gruppe,
Bis ich mich dann wieder schuppe,
Und jemand anders bin.
Ich weiß nicht. Wo will ich hin?

LEISTUNGSDRUCKGESELLSCHAFT

Ich kann nicht einfach aufhören zu funktionieren.
Immer, wirklich immer muss ich reagieren.
Kann nicht mal kurz abschalten,
Nicht mal eben anhalten.

Ich kann nicht aufhören, zu denken,
Nicht einfach mein ganzes Leben verschenken.
Für nur eine kurze Pause, einen Moment der Ruhe.
Und in mir diese ständige Unruhe.

„Check deine E-Mails auch, wenn du frei hast."
„Beende möglichst schnell dein Studium."
„Such dir einen Freund."
„Mach Sport."

Aber sei auch du selbst und lebe dein Leben.
Ich kann euch nicht alles auf einmal geben.
Denn so geh' ich kaputt,
Und lieg' irgendwann nur noch in einem Haufen Schutt.

SKYSCRAPER

Und hinter all dem bin ich zerbrochen.
Hab mich in meine eigne Welt verkrochen.
Will dem Druck entfliehen,
doch kann nicht einfach weiter ziehen.

Alle sehen nur, was ich habe,
keiner sieht die schlechten Tage,
die Kämpfe, die ich verliere,
wie ich im Winter erfriere.

Keiner sieht, wie mein Herz wieder und wieder bricht,
und wie das Licht in mir langsam erlischt.
Die guten Tage sind, was ihr seht
und ihr fleht danach, dass es euch auch so ergeht.

SCHMERZ

Und das sind die Momente, in denen du merkst, wie allein du bist,
dass niemand da ist für dich.
Niemand schert sich um dich,
wie allein du bist.

Und die Wahrheit tut weh,
und ich weiß, dass ich es nicht seh'.
Dir geht's nicht gut,
du hast keinen Mut.

Und du wünschst, dass jemand da wär für dich,
doch es interessiert sie nicht.
Wie es dir geht
oder wie der Wind bei dir weht.

Und du willst nicht so fühlen,
in alten Gedanken wühlen.
Doch es hat keinen Sinn
und du gibst dich dem hin.

WEG

Und wenn ich nicht mehr da bin,
kümmert es euch nicht.
Für euch hat alles einen Sinn,
doch so ist es nicht für mich.

Ich will hier weg,
ich will hier raus.
Dieses Leben hat für mich keinen Zweck,
ich fühl mich hier nicht mehr Zuhaus.

Ich friere,
und zittere,
weil ich so viel verliere.
Und das ist das Bittere.

Ich kann das nicht mehr,
will einfach nur geh'n.
Bin verloren, so sehr,
kann nichts anderes seh'n.

DER ELEFANT UND ICH

Der Elefant und ich sitzen beim Psychologen.
Er fragt: Warum sind wir hier?
Ich sag: Nur wegen dir.
Denn jedes Mal, wenn ich sage, da ist ein Elefant im Raum,
dann glaubt man's mir kaum.
Wie im Porzellanladen alles zerstört
und er findet das nicht mal unerhört.
So sitzen wir hier, der Elefant mit seinem Bier und ich in Trümmern,
um die er sich nicht kümmert.
Er trinkt so vor sich hin,
nichts anderes ergibt für ihn Sinn.
So sitze ich neben ihm
und würd am liebsten einfach fliehen.
Der Psychologe sagt, er glaubt es nicht,
nicht mal, als er sich über die Augen wischt.
Ein Elefant in meinem Wartezimmer,
das macht die Situation dann doch viel schlimmer.
Er ruft uns rein, fragt, wie kann das sein?
Ich sag, ich weiß es nicht,
als er sich wieder über die Augen wischt.

MÖGLICHKEITEN

Ich seh' keinen Weg, nur Möglichkeiten.
Schon seit unendlichen Ewigkeiten
sagst du mir, ich soll auf den Pfaden bleiben.
Hör endlich auf, mir vorzuschreiben.

Ich will mein Leben leben
und nichts auf deine Meinung geben.
Abschalten, das Schicksal soll mich leiten,
Sorgen und Ängste schnell vertreiben.

Will mein Leben nur genießen,
alles andre grad beiseite schieben.
Einatmen, ausatmen, abschalten
und mir alle Möglichkeiten freihalten.

Die Anderen

D U

Mein Leben lang,
dieser innere Zwang.
Du warst so fern und doch so nah.
Du warst irgendwie immer da.

Ich war allein
und suchte den Grund des Seins.
Dann warst du da,
warst das Einzige, was ich sah.

Du bist ein Teil von mir,
und ich ein Teil von dir.
Ich bin nicht mehr allein,
will nicht ohne dich sein.

Du bist die Wörter in meiner Geschichte,
jede Zeile, die ich dichte.
Bist die Tinte in meiner Feder,
jedes Blatt gebunden in Leder.

WAS WAR

Und ich wollte nicht, dass du gehst,
mein Herz auf deinem Weg mit dir trägst.
Du warst die Wörter in meiner Geschichte,
warst mal jede Zeile meiner Gedichte.

Ich wollte nie ohne dich leben,
wollte mit dir nach Höherem streben.
Du warst ein Teil von mir,
doch wir waren nie ein wir.

Ich dacht, es könnt klappen,
wir könnten uns zusammenraffen.
Doch du warst nicht mehr als jeder andere,
warst eine Lüge, die ich nicht erkannte.

MINE

Once I thought you were mine,
For the rest of my time.

If the times are good or bad
But now you made me mad.

And I don't want to lose you
But maybe all we had was untrue.

And now I'm losing my mind
Because nobody is your kind.

Damn, I miss you like hell,
While you're doing well.

VERMISSEN

Ich vermiss dich,
Doch du verpisst dich.
Immer weiter und weiter
Gehst du und ich scheiter'.

Ich will zurück zum Alten.
Raus aus dem Kalten.
Will in die Wärme deiner Arme.
Oh Gott, bitte erbarme.

Ich kann nicht ohne dich.
Ich bin nicht mehr ich.
Du bist ein Teil von mir,
Ohne dich ist alles so leer.

Ich will nicht erfrieren,
Bin dabei dich zu verlieren.
Lässt mich hier einfach stehen,
Doch ich kann nicht einfach gehen.

STAUB/GLITZER

Glitzernd im Licht
und ich denk schon wieder nur an dich.
Partikel so fein
und eigentlich will ich wieder nur weinen.

Sonnenstrahlen auf meiner Haut,
hätt' mir am liebsten ein Leben mit dir aufgebaut.
Doch ich wollt' alles zu sehr hetzen
und alles, was übrig geblieben ist, sind Fetzen.

ZU DUMM

Vielleicht bist du nur zu dumm,
um mich zu lieben.
Jetzt bleibt mein Telefon stumm.
Wie konntest du's so versieben.

Vielleicht war ich nur zu dumm,
dir zu sagen, was ich fühle.
Blieb einfach immer stumm.
Selbst jetzt noch würd' ich drüber lügen.

Vielleicht war'n wir nur zu dumm,
es hinzukriegen.
Vielleicht bist du jetzt nur stumm,
weil wir uns lieben.

OHNE TITEL

Und wenn du mich vermisst,
weil du dich verpisst,
dann seh' ich keinen Grund mehr, zu bleiben.
Zwischen uns gibt's nichts mehr zu beneiden.

Und dann versuchst du's wieder
und machst wieder alles nieder.
Wie immer
machst du's nur wieder schlimmer.

NUMMER 2

Mein Verstand sagt ja,
mein Herz sagt nah.
Ich kann's nicht ignorieren,
mich nicht dabei verlieren,
mich in dich zu verlieben.

Und ich verstehe selbst nicht,
warum nur mein Verstand dich
mag und mein Herz dagegen ist.

NOT A MOVIE

Life is not a fucking movie
And I notice how you look right trough me
But my heart still beats faster
And for you it's not even a disaster
From talking every day
To you not even texting hey
But still treating me like normal
Why hasn't it changed to formal
Since for you I'm just a friend
Since you put it to an end
This is not how it should be
In the movies you'd fall in love with me
Even though you said you won't

ICH FRAG MICH

Manchmal frag' ich mich, was wir überhaupt sind,
warum du mein Herz zum schneller Schlagen bringst,
obwohl das doch nur Freundschaft ist
und du mich nicht einmal vermisst.
Warum ich an einem Tag denk', dass es wichtig für dich ist
und du am nächsten nicht mehr zu erreichen bist.
Warum wir uns so nahe sind
und im nächsten Moment die Nähe durch meine Finger rinnt.
Warum du sagst, dass es Freundschaft ist
und trotzdem bist, wie du bist.

Doch du bist mir viel zu wichtig, um zu fragen
und unserer Freundschaft damit zu schaden.

DEIN LACHEN

Ich seh' dich lachen.
Was soll ich nur machen?
Ich wär so gern' dabei,
doch kann es nicht sein.

ABSCHIED

Ich war mal wie ihr,
Ich war Teil von dem Wir.
Doch heute bin ich, ich
Und das auch nur für mich.

Ich werd nie vergessen, was war,
Denn es war wunderbar.
Doch jetzt steh ich hier
Und das auch nur mit mir.

Wir hatten geile Zeiten,
Die mich immer begleiten.
Doch ich muss hier mal raus
Ich muss was andres seh'n.

Ich kann hier nicht bleiben,
Für den Rest meines Lebens.
Ich will was erleben,
Will nach Höherem streben.

Ich muss euch verlassen,
Ihr dürft mich nicht hassen.
Es war nicht immer alles schön,
Ich glaub, ich muss jetzt geh'n.

Vielleicht wird's ein Abschied sein,
Doch ich fühl' mich nicht allein.
Denn es gibt Menschen, die bleiben,
Trotz meines Schweigens.

ABSCHIED PT. 2

Ich hab's wieder zugelassen
und könnt' mich dafür hassen.
Manchmal wünscht' ich mir, ihr wärt nicht Teil meiner Geschichte,
wärt nicht der Grund, warum ich dichte.
Doch ich kann nicht ändern, was passiert ist,
auch wenn's mich zerfrisst
und ich am liebsten endlich Abschied nehmen würde.
Doch da ist immer diese verdammte Hürde.
Will endlich loslassen,
und nichts mehr wegen euch verpassen.

NICOLE

Vielleicht sag ich's nicht oft genug,
Aber du tust mir gut.
Hast mich abgeholt, als ich alleine stand,
Bist nicht einfach weggerannt.

Du bist immer da für mich,
Und glaub mir, ich brauche dich.

O M A

Weil du nicht mehr da bist,
und mir das immer noch nicht ganz klar ist.
Weil meine Augen sich mit Tränen füllen,
will mich einfach wieder in deine warmen Decken hüllen.

Denn jedes deiner Worte
erweckte in mir neue Orte.
Weil du mir gezeigt hast, was Träume sind,
dass ich mich nicht unterkriegen lassen soll, weil ich irgendwann
meine Bestimmung find'.

Weil du für mich da warst, auch wenn ich nichts gesagt habe,
weil du wusstest, dass ich mich gut schlage.
Weil ich weiß, dass du stolz auf mich gewesen bist,
und ich weiß, dass es auch immer noch so ist.

Weil du immer alles gewagt hast,
und wenn ich nicht schlafen konnte, gesagt hast:
Gut' Nacht, schlaf' sacht.
Nimm Katz' in Arm, ist auch schön warm.

ZWEIUNDZWANZIG

Zweiundzwanzig, Jahre bin ich.
Zweiundzwanzig, Jahre rauchst du nicht.
Zweiundzwanzig, Jahre und das Erste ohne dich.

NEUANFANG

Blumen stehen neben deinem Namen.
Wollt dir nur mal eben sagen,
Dass ich dich vermisse
Und nur zu gern' wüsste,
Wo du jetzt bist
Und was mit Oma ist.

Uns geht's langsam wieder gut,
Wir haben einen Funken neuen Mut.
Ich hoff', dass es jetzt so bleibt
Und es mir irgendwie die Zeit vertreibt,
Bis wir uns wieder sehen.
Bis dahin hoff ich, ´s bleibt schön.

Was ich sonst noch los werden wollte

LETZTER TAG

Und dann weinst du fast,
Weil es vorbei ist.
Und doch ist es gut,
Aber irgendwie auch nicht.

Und es ist kein Abschied
Bis morgen.
Es ist für immer.
Wahrscheinlich.

So viel Gutes,
So viel Schlechtes.
Und doch!
Du wirst es vermissen.

Du willst noch nicht gehen.
Willst nicht, dass es zu Ende ist.
Zögerst die Zeit hinaus.
Und musst doch gehen.

Und du gehst ins Nichts.
Und weißt nicht wohin.
Und du zögerst.
Und willst nicht gehen.

Doch es gibt kein Happy End.
Nicht hier.
Nicht heute.
Und du musst gehen.

INSOMNIE

Wecker morgen um sechs!
Doch ich krieg' kein Auge zu, krieg' keinen Schlaf.
Mein Kopf macht die Nacht zum Tag

Die Augen auf,
Doch ich kann nicht seh'n,
Wohin will mein Geist geh'n?

Die Nacht so schwarz, so grau,
Doch ich weiß es ganz genau:
Je schwärzer die Nacht, desto düstrer das Erwachen!

Und diese bitt're Wahrheit,
Sie trifft mich hart.

MORGEN

Leere Wege,
wie einsame Stege.
Glänzend im Licht,
die Fensterscheiben, so dicht.
Kein Mucks weckt auf,
nur die Sonne nimmt ihren Lauf.

FREMDE WOHNUNGEN

Kalter Wind,
und ich wär' am liebsten wieder Kind.
Will die dunklen Fenster der Nacht nicht mehr sehen,
am liebsten einfach wieder zurückgehen.

Will den Drang nach neuen, fremden Wohnungen vergessen.
Denn irgendwie ist das doch auch vermessen.
Will nur einen kurzen Einblick in das Leben anderer,
nur um dann zu sehen, dass sie doch auch nicht besonderer
sind als ich.

Und ich vermiss' den Ausgang, ich vermiss' die Zeit.
Und irgendwie ist das jetzt alles so weit
weg von der Realität.
Und ich wünsch' mir manchmal, ich hätt' das nicht miterlebt.

PROSA

Ich flög' am Liebsten nur davon,
mit meinen Flügeln aus Beton.
Weg von alldem, was mich hier hält,
weil's mir hier nicht mehr gefällt.

Irgendwo anders ein neues Leben beginnen,
in fremden Flüssen schwimmen.
Einfach die Sonne genießen
und keine Träne mehr vergießen.

Fliege hoch in die Lüfte,
riech' Millionen neue Düfte.
Bis ich wieder am Boden bin
und mir denk', genau hier wollt ich hin.

U5 HAUPTBAHNHOF

Bierflasche rollt hin und her und her und hin.
Manchmal frag' ich mich, wer ich überhaupt bin.
Unter den Linden,
spür' meine Energie schwinden.

Schwarz und Gelb,
black and yellow.
Ist da draußen noch irgendwer? Hello?

Tür auf, Tür zu.
Hab nichts zu tun.

U5 Hauptbahnhof

DAS LEBEN DER ANDEREN

Und ich seh' von außen nach innen,
in euer Leben, als wär' ich mittendrin.
Doch ich bin außen,
bin immer nur draußen.
Ist alles nur in meiner Fantasie
und wenn ich weg bin, dann gab es euch nie.

STURM

Bunte Blätter
machen das Wetter ein wenig netter.
Die letzten Sonnenstrahlen,
die Natur will ein letztes Bild malen.
Bevor es wieder grau wird.
Bevor der Sturmwind,
die letzten Blätter von den Bäumen nimmt.

ALKOHOL UND RAUCH

Du schmeckst nach Alkohol und Rauch,
bist alles, was ich gerade brauch'.
Vergess' alles um mich rum.
Ist doch irgendwie dumm.
All das zu vermissen,
ist doch irgendwie auch beschissen.

BASAR AM ABGRUND

marktstände
sind die letzten wände
zwischen mir und dem fall
vor dem lauten knall

rechts und links
du sagst, hier stinkt's
doch ich will noch nicht gehen
will alles sehen

am abgrund entlang
schau's dir doch mal an
wie schön hier alles ist
wenn du dich vergisst

Gefühlswelten

E R

Wie in Zeitlupe sah ich, wie er Taste für Taste, Ton für Ton spielte. Seine Augen beobachteten jede Bewegung, die seine Finger machten. Ich stand einfach nur da. Hinter dieser verdammten Glastür. Vor ein paar Monaten hatte ich ihn das erste Mal spielen sehen. Ich konnte keinen Ton hören, aber ich wusste, was er da spielte, klang wunderschön. Seitdem beobachtete ich ihn. Hin und wieder betrat oder verließ jemand den Raum und ich konnte ein paar der Töne erhaschen, aber nie war es das ganze Lied. Doch jeder der Töne klang in meinen Ohren wie ein ganzes Orchester. Es war eine wundervolle Melodie, auch wenn ich sie nicht kannte. Ich wusste nicht, wer er war und noch viel weniger wusste er, wer ich war. Jedes Mal, wenn ich vor der Glastür stand, versank ich in seinem Anblick. Meistens so lange bis mich jemand versehentlich anrempelte. Dann ließ ich mich von der Menschenmenge einsaugen und folgte dem Strom, wohin er mich auch trug. Doch ich kehrte jeden Tag zur gleichen Uhrzeit zurück, stand da und beobachtete, wie er Klavier spielte.

Eines Tages war der Raum leer. Das Klavier war weg und er war nicht da. Ich wusste nicht, was ich tun sollte. Vorsichtig trat ich näher an die Tür. Ich legte meine Hand auf die Klinke, doch ich wusste nicht, ob ich sie benutzen sollte. Ich kannte ihn doch gar nicht. Ich hatte kein Recht, mich zu fragen, wo er war. Ich hatte kein Recht, ihn zu vermissen. Doch bevor ich meine Hand davon abhalten konnte, drückte ich die Klinke herunter. Ich öffnete die Tür langsam und spähte in den Raum. Nichts. Wo war er? Würde ich ihn je wieder sehen? Plötzlich fing irgendwo jemand an, Klavier zu spielen. Ich wusste nicht, woher es kam, doch es war die schönste Melodie, die ich je gehört hatte. Es fühlte sich an, als würde sie zu mir gehören. Gedankenversunken lauschte ich, bis es auf einmal zu Ende war. Ich erwachte aus meiner Trance.

Dann sah ich, wie jemand hinter dem Vorhang hervortrat. Er war es.

Er sah mich an.

S I E

Sie war wieder da. Ich sah aus dem Augenwinkel, wie sie wie festgefroren vor der Tür stand. Sie bewegte sich nicht. Ich beobachtete die Tasten, während ich sie spielte. Das war nicht nötig, ich wusste genau, wo jeder Ton war. Sie sollte nicht wissen, dass ich sie ansah. Ich hatte Angst, dass sie gehen würde, wenn sie bemerkte, dass ich sie sah. Seit Wochen stand sie solange vor dieser Tür, bis jemand sie anrempelte. Dann verschwand sie in der Menge. Ich wusste nicht, wer sie war. Ich wusste nur, dass ihre zerzausten Haare und ihr weicher Gesichtsausdruck mir den Verstand raubten. Jedes Mal wenn ich sie sah, fingen meine Hände automatisch an, die gleiche Melodie zu spielen. Ich wusste nicht, woher diese Melodie kam, aber ich wusste, dass ich nie in meinem Leben etwas Schöneres spielen würde. Ich wollte, dass sie die Melodie hörte, doch das konnte sie nicht, wenn sie vor der Glastür stand. Und woher sollte sie überhaupt wissen, dass es ihre Melodie war. Ich wusste nicht, was ich tun sollte. Doch dann kam mir eine Idee.

Ich begann zu spielen, als sie den Raum betrat. Es fiel mir leichter als je zuvor. Es fühlte sich an, als hätten meine Finger nie etwas anderes gespielt. Ich sah, wie sie verwirrt im Raum umher sah und nach der Quelle der Musik suchte. Doch ich hörte nicht auf zu spielen. Ich wollte mich ihr erst zeigen, wenn ich den letzten Ton ihres Liedes gespielt hatte.

Als das Lied zu Ende war, erhob ich mich von meinem Hocker und trat hinter dem Vorhang hervor.

Ich sah sie an.

„Nein", sagt sie. Kälte liegt in ihrem Blick. Ich stehe auf. Mein Kaffee ist schon lange nicht mehr warm. Ohne ein weiteres Wort verlasse ich das Café. Fünfzehn Jahre. Fünfzehn Jahre und alles, was ihr zu meinem *Liebst du mich noch?* eingefallen war, war „Nein". Fünfzehn Jahre alles miteinander teilen und dann alles mit vier Buchstaben beendet. Im Zeitraffer läuft die Stadt an mir vorbei. Warschauer Straße, Möckernbrücke, Mehringdamm. Die Stadt lebt. Ich nicht. Nicht mehr. Tina. Tina war mein Leben. Meine Energie. Jeder Tee mit Tina war ein angehaltener Augenblick. Ein Moment, gefangen zwischen uns. Gefangen in einem Glas, das mit einem „Nein" zerbrochen wurde. Das Leben der Stadt läuft an mir vorbei. Tina und ich in der Schule, wie wir uns Streiche spielen. Daneben der Junkie am U-Bahnhof Gneisenaustraße. Die Gneisenaustraße entlang und Tina und ich, wie wir uns zum ersten Mal küssen. Rein in die Bar.

„Ein Menace, bitte."

Und Tina und ich vor dem Altar. Trinken und das Haus. Trinken und die Kinder. Trinken und das Leben. Bezahlen, mit Karte. Tina und ich im Café.

„Liebst du mich noch?"

„Nein", sagt sie.

NUR EIN WORT

Ich sehe, was du denkst
Ich denke, was du fühlst
Ich fühle, was du willst
Aber ich hör´dich nicht

Meine Augen sind weit aufgerissen. Ich atme aus. Du stehst in der Mitte der Straße. Ich atme ein. Links neben mir quietschen Räder. Ich atme aus. Ich drehe meinen Kopf. Ich atme ein. Ich sehe die Straßenbahn. Ich atme aus. Wie automatisch dreht sich mein Kopf wieder in deine Richtung. Ich atme ein. Dann bleibt mein Atem stehen.

Ich stapel´ tausend wirre Worte auf
Die dich am Ärmel zieh'n
Und wo du hingeh'n willst
Ich häng an deinen Beinen

Umgeben von Blaulicht sitze ich auf dem Bordstein. Die blutigen Hände habe ich neben mir auf dem Boden aufgestützt. Um mich herum wirbeln Menschen in Uniformen und stellen Fragen. Was ist passiert? Wie ist das passiert? Ich weiß es nicht. Alles, was ich mich frage, ist, wo das ganze Blut herkommt. Wie viel Blut hat ein Mensch? Wie viel kann er verlieren, ohne zu sterben? Im Krankenhaus sagen sie mir, dass du genug Blut hast, um zu überleben. Trotzdem liegst du hier angeschlossen an Schläuche und Kabel.

Es ist verrückt, wie schön du schweigst
Wie du dein hübsches Köpfchen neigst
Und so der ganzen lauten Welt und mir
Die kalte Schulter zeigst

Seit zwei Monaten sitze ich nun schon an diesem Bett. An deinem Bett. Seit zwei Monaten hast du kein Wort gesagt. Hast du dich nicht bewegt. Die Ärztinnen sagen, dein Zustand ist stabil. Es gibt keinen Grund zur Beunruhigung. Und trotzdem sitze ich jeden Tag in diesem Sessel neben deinem Bett.

In meinem Blut werfen die Endorphine Blasen
Wenn hinter dein'n still'n Hasenaugen die Gedanken rasen.

Sechs Monate und immer noch kein Wort von dir. Kein Zeichen, dass da mehr ist als Gehirnaktivität. Das stetige Piepen der Maschinen höre ich schon gar nicht mehr. Als deine Bettdecke raschelt, schaue ich gerade aus dem Fenster. Ich drehe mich um. Du bewegst dich. Die Schwester, die ich rufe, schickt mich aus dem Raum. Wie Kaugummi ziehen sich die Minuten, bis ich endlich wieder zu dir darf.

„Hey", sagst du mit heiserer Stimme, als ich durch die Tür komme.

Bitte gib mir nur ein „Oh"
Bitte gib mir nur ein „Oh"
Bitte gib mir nur ein
Bitte, bitte gib mir nur ein Wort.

HOSPITAL BEDS

Das Mondlicht fällt in den Raum und streift sanft das bleiche Gesicht der Frau. Schwach hebt und senkt sich ihre Brust. Ein leises, gleichmäßiges Piepen durchdringt die Stille. Nichts bewegt sich. Auch vor der Tür ist es still. Die langen Korridore liegen in einem unangenehm weißen Licht. Tapsig läuft ein kleines Mädchen auf das Schwesternzimmer zu. An der Tür bleibt sie stehen und wartet, still schweigend, bis eine der Nachtschwestern sie bemerkt. Sie steht da und sagt nichts. Nach einer Weile wendet sich eine der Schwestern in ihre Richtung. Sie sieht das kleine Mädchen. Sie steht auf und nimmt es an die Hand. Sie zieht das Mädchen in ein Zimmer. Es ist das Zimmer der Frau. Still schweigend setzt sich das kleine Mädchen auf einen Stuhl neben dem Bett. Sanft nimmt sie die Hand der Frau. Eine Weile sitzt sie so da und lauscht dem kontinuierlichen Piepen. Nichts bewegt sich. Die Dunkelheit erfüllt den Raum. Der Atem der Frau wird langsamer. Immer langsamer, bis das Piepen zu einem durchgängigen Ton wird. Menschen stürmen in den Raum. Das kleine Mädchen wird von der Frau weggezerrt. Niemand sagt dem kleinen Mädchen, was passiert. Sie versteht es noch nicht. Eine Schwester führt sie aus dem Zimmer. Auf dem Korridor stehen Leute. Die Schwester übergibt das Mädchen an eine Frau. Das Mädchen schaut die Frau mit großen Augen an. Die Frau sagt nichts. Eine leise Träne rollt über ihre Wange, als sie das kleine Mädchen in die Arme schließt.

> „No, I can't tell you how to say goodbye
> 'Cause I've been waiting most of my life
> Behind the curtain, she's staring at my grave
> She slowly dances on her hospital bed." - Palaye Royale

ALLEIN

2.26 Uhr: Die Lichter im Bus tun in den Augen weh. Die Dunkelheit draußen ist angenehmer, auch wenn es eiskalt ist. Hier fühle ich mich in die langweilige, karge Realität zurückgeworfen. Ich sehe alles. Jeden Gesichtsausdruck, jede Träne, jedes Grinsen. Ob an meinem Spiegelbild in der Scheibe oder bei den anderen Leuten. Draußen könnten wir alles sein. Spione, Mörder oder einfach nur glücklich. An den meisten Stationen steigt keiner aus, aber manchmal, an namenlosen Stationen, hält der Bus. Ich weiß, die meisten Leute fahren nur mit dem Bus, weil um die Uhrzeit sonst nichts mehr fährt. Auch ich steige an einer namenlosen Station aus. Auch ich wäre zu einer anderen Uhrzeit mit einem anderen Bus gefahren. Aber auch ich habe jetzt keine andere Wahl.

2:35 Uhr: Ich steige aus. Die Dunkelheit ist angenehm. Aber ich vermisse die Heizung im Bus. Mir ist kalt. Kein Wunder bei -4 Grad.

2:44 Uhr: Ich bin zu Hause. Aber es empfängt mich trotzdem niemand, der froh ist, dass ich gut nach Hause gekommen bin. Nicht mal eine Nachricht von meinen Freunden.

FICK DICH!

Die Straßen sind leer. Alles ist dunkel und still. Regentropfen fallen auf dem Boden. Und da kommen sie wieder, diese Gedanken. Immer und immer wieder durchfahren sie mein Gehirn wie Messer. Und ich denk mir *Fick dich!* Doch es bringt nichts. Mein Kopf macht weiter. Er redet mir Dinge ein, die nicht stimmen. Ich weiß das, oder? Eine leise Stimme in meinem Kopf flüstert mir zu, ich wäre nicht gut genug. Nicht gut genug für was? Nicht gut genug für alles. Gedanken, die ich nicht haben will breiten sich in mir aus. Und ich denk mir *Fick dich!* Ich will es abschalten, doch mein Kopf macht weiter. Er antwortet nicht? Er mag dich nicht. Du bist komisch. Niemand mag dich. Deine Freunde schreiben nicht? Sie laden dich nicht ein? Es war dein Fehler. Du bist schuld daran. Und ich denk mir *Fick dich!* Doch es hört nicht auf. Tränen gesellen sich zu dem Regen. Alles tut weh. Warum tut alles weh? Die Worte in meinem Kopf sind Messer in meinem Herz. Du bist scheiße. Was machst du noch hier? Schreit mein Kopf und ich fang' an zu zittern. Ich denk mir *Fick dich!* Du bist zu dick. Du bist nicht hübsch genug. Du bist eine Schande für deine Familie. Aufhören! Es soll aufhören. Ich versuche, gegen meinen Kopf anzubrüllen. Er ist immer lauter als ich. Und ich denk mir *Fick dich!* Du bist für alle eine Last, flüstert mein Kopf mir zu. Langsam lass ich mich auf den nassen Boden sinken. Ich bin sowieso schon komplett durchnässt. Zitternd sitze ich da, die Arme um meine angewinkelten Knie geschlungen. Was mach' ich hier eigentlich? Niemand interessiert sich für dich. Was du sagst, ist irrelevant. Du bist irrelevant. Du würdest niemandem fehlen. Mein Kopf wird immer lauter. Ich halte es nicht mehr aus und denke mir *Fick dich!* Ich sitze und schweige, während mein Kopf schreit. Er schreit so laut, dass ich Angst habe, jemand könnte es hören. Zeit vergeht. Ich weiß nicht, wie viel. Ein junger Mann läuft an mir vorbei und fragt, ob er helfen könne. Ich blicke auf. Mein Kopf schreit. Er lügt. Niemand kann dir helfen. Du bist ihm egal. Und ich sage:

„Fick dich!"

DER GEIGENSPIELER

Die leisen Töne säuselten durch meine Ohren. Ich begann, den Unterricht um mich herum zu vergessen und mich voll auf die Musik der Geige zu konzentrieren. Gedankenverloren saß ich da, bis es zur Pause klingelte. Als ich den Raum verließ, war ich immer noch nicht ganz bei mir. Und dann sah ich ihn. In einer Ecke stand er. Die schulterlangen, braunen Haare waren lässig in einen Zopf gebunden. Das weiße Hemd knitterte leicht, an der Stelle, an der das Band des Geigenkoffers über seiner Schulter hing. Plötzlich wurde ich angerempelt.

„Steh doch nicht im Weg rum", sagte jemand zu mir. Ich war mitten im Korridor stehen geblieben, während ich den Geigenspieler angestarrt hatte. Dann drehte er seinen Kopf in meine Richtung und sah mir direkt in die Augen. Seine Augen waren grün und es war, als würden sein Blick bis in meine Seele dringen. Wieder wurde ich angerempelt. Diesmal stolperte ich einen Schritt vorwärts. Dabei rutschte mir meine Tasche von der Schulter. Sie fiel auf den Boden und der Inhalt verteilte sich auf den Steinen. Ich verlor den Blickkontakt, aber konnte aus dem Augenwinkel noch sehen, wie sich der Geigenspieler hämisch grinsend wegdrehte. Schnell sammle ich meine Habseligkeiten zusammen und verließ das Gebäude. Es war mir unangenehm, ihn so lange angestarrt zu haben, aber ihn zu sehen löste ein merkwürdiges Gefühl in mir aus. Sein Geigenspiel hatte irgendetwas in meinem Herzen berührt und ihn zu sehen hatte dem Ganzen eine Gestalt gegeben.

Die nächsten Tage vergingen schleppend. Immer wieder sah ich ihn, den Geigenspieler, meinen Geigenspieler. Doch kein einziges Mal sah er mich an. Ich wäre so gerne wieder in seinem Blick versunken. Eines Nachmittags, ich war gerade auf dem Weg nach Hause, rempelte mich jemand an. Ich machte den Mund auf, um die Person zurechtzuweisen, bis ich sah, wer da stand. Er war es und blickte mich mit seinen schönen, grünen Augen an. Ich erwiderte den Blick und verlor mich sofort in dem tiefen Grün.

„Hey", sagte er.

„Hey", sagte ich.

HILFE

Mir fällt die verfickte Decke auf den Kopf. Sie sagen, zu jedem Deckel passt ein Topf. Trotzdem steh ich hier alleine und es interessiert keinen, wenn ich weine. Ich kann meine Gedanken nicht mehr ertragen, will einfach nur noch um mich schlagen. Die kalte Luft brennt in meinen Lungen, wie tausend zischende Zungen. Ich will raus, ich will fliehen, doch ich kann nicht einfach weiter ziehen. Diese Gedanken, diese Leere, dieses Alleinsein, ich halt es nicht mehr aus. Ich will nicht mehr *Ich* sein. Die Worte in meinem Kopf zerstören mein Herz und alles, was übrig bleibt, ist dieser verdammte Schmerz. Es schnürt meine Lunge zu, ich krieg' keine Luft. Warum hört niemand meinen Hilferuf? Ich fühl' mich, als würd' ich in dieser Leere ersticken. Warum will mir keiner Hilfe schicken? Kein Sauerstoff mehr, der in meine Lungen strömt, über mein Blut durch meine Adern fließt und diese Einsamkeit, die sich über mich ergießt. Kein Hauch von Leben mehr in mir. Warum bin ich eigentlich noch hier? Keine Kraft mehr, um mich aus den Fesseln in mir zu befreien. Ich will mir doch nur ein bisschen Lebenswillen leihen. Aus diesem verfickten Käfig will ich ausbrechen. Warum helft ihr mir nicht? Hört auf mit den beschissenen Versprechen. Lasst mich nicht allein, bitte. Ich schaff das nicht mehr, diese paar Schritte.

FINAL REGRETS

Ich bin fertig mit meinem Leben. Fertig mit allem, was es ausmacht. Der Wind weht durch meine Haare. Die Luft ist kalt, doch es interessiert mich nicht. Gleich ist der Schmerz sowieso vorbei.

Ich höre Schreie hinter mir. Schreie von meinen Eltern und Freunden. Jetzt auf einmal sind sie für mich da. Jetzt, wo ich interessant bin. Ich spüre ihre Hände. Wie sie versuchen, mich von meinem Sprung abzuhalten. Doch meine Gedanken fallen schon und wenige Sekunden später fällt auch mein Körper.

Ein letztes Mal fühle ich Freiheit und das Adrenalin in meinem Blut. Und dann kommt die Erkenntnis. Es gibt noch so viel, was ich noch nicht getan habe, so viel was ich nicht gesagt habe. Dinge, die ich mich nicht getraut habe, an die ich in meinem Chaos aus Problemen nicht gedacht habe.

Plötzlich sind alle meine Probleme in den Hintergrund gerückt. Ich will noch nicht sterben. Ich bin noch nicht bereit dazu. Es gibt noch so viele Dinge, die ich tun will, bevor ich sterbe. Ich will mein Leben leben, ohne an morgen zu denken. Mich für all meine Fehler entschuldigen und den ganzen Idioten in den Arsch treten, die sich einen Dreck darum scheren, wie es anderen geht.

Doch jetzt ist es zu spät. Ich b-

ANGST

Und in dunklen Schatten zieht sie durch die Straßen, während Schwärze sich über die Stadt legt. Sie dringt durch Türen und Fenster. Durch jede Ritze. Kein Haus ist sicher, kein Mensch kann ihr entfliehen. Sie deckt zu in der Nacht und weckt auf mit einem beklemmenden Gefühl am Morgen. Jeden Knochen, jeden Muskel durchdringt sie. Sie umfasst das Herz mit kalter Hand und drückt zu. Kein Blut, keine Luft. Wie eingefroren. Sie kommt ungelegen. Kalt schleicht sie sich, wohin sie will. Sie weckt Misstrauen. Sie stiftet Zwietracht. Und sie klammert und klammert. Kein Fliehen, kein Entrinnen. Sie lässt rennen, zittern, weinen. Sie ist immer da. Beim ersten Schrei und letzten Atemzug.

LOVE THE VOID

Kennst du das, wenn du am Abgrund stehst und dich fragst, ob du springen sollst. Dich fragst, was passieren würde. Ob es das Ende wäre. Was sie denken würden. Spürst du die Leere, die nach dir greift. Kannst du dagegen halten. Willst du dagegen halten. Würdest du loslassen. Oder weißt du, was du verlierst. Springst du? Oder drehst du um. Warum drehst du um. Warum tust du es nicht. Wie entscheidest du. Leben oder Tod. Leben oder Leere.

YESTERDAY WAS MONDAY, RIGHT?
BUT TODAY IS MONDAY, TOO!

11.23 Uhr: Ich arbeite oder ich schaue fern. Irgendwie mache ich beides und auch keines davon. Meine Wohnung habe ich seit letzter Woche nicht verlassen. Soziale Kontakte habe ich nur sporadisch. Punkt 12 fängt gleich an, denke ich und schalte um. Werbung. Ich kann inzwischen mitsprechen. Heutzutage besteht das Fernsehprogramm zu 50 Prozent aus stupider Berieselung mit Reality TV. Die anderen 50 Prozent sind Werbung. Reality TV war auch mal besser. Früher gab es bei Frauentausch noch Drama, heute testet die Metzgerin ohne Murren die vegane Ernährung des Tierliebhabers. Punkt 12 beginnt. Es ist Jackpot-Woche. Kurz überlege ich anzurufen, bin dann aber doch zu faul mit einer Frage, die sogar meine Katze beantworten könnte 162.000 Euro zu gewinnen. Ich wende mich wieder meinem Laptop zu und merke, dass ich schon wieder drei Stunden für eine Aufgabe gebraucht habe, für die ich eigentlich nur eine brauchen sollte. Verdammt. Jetzt muss ich mir irgendeine Erklärung ausdenken. Leider kann ich selbst nicht mehr nachvollziehen, was mit der Zeit passiert ist.

16.15 Uhr: Ich wache auf. Ich habe meine Pause dafür genutzt, zu schlafen. Wie immer. Ich bin immer noch müde und weiß nicht, wieso. Ich schlafe nachts acht Stunden und kann mich tagsüber trotzdem kaum wach halten, obwohl ich kaum etwas mache. Ich fange an, darüber nachzudenken, ob ich nicht doch nur sechs anstatt acht Stunden arbeiten soll. Dann hätte ich auch mehr Zeit zum Kochen und um Sport zu machen.

18.30 Uhr: Ich wache auf. Ich habe nur sechs Stunden gearbeitet. Ich habe keine Lust mehr auf Sport oder auf Kochen. Ich bestelle Essen. Mein schiefer Turm von Pizzakartons erreicht fast die Decke. Ich will sie nicht runterbringen. Dann müsste ich ja mehr als einmal gehen. Meine Couch und die neuste Folge Grey's Anatomy sind mir da schon lieber. Während ich den Fernseher in meinem peripheren Blickfeld beobachte, lese ich einen Text für meine Hausarbeit. Ich muss sie in einer Woche abgeben. Ich habe bisher zwei von zwölf Seiten. Eine davon ist das Deckblatt. Die andere ist das Inhaltsverzeichnis. Während ich lese, beschäftige ich mich mehr mit den neuen Funktionen meines iPads als mit dem Text. Hin und wieder streiche ich einen Satz bunt an, der vielleicht wichtig sein könnte, aber wahrscheinlich eher nicht. Plötzlich werden meinen Gedanken von allem anderen abgelenkt. Ich trete ans Fenster und schaue raus. Da ist er wieder. Mein Nachbar, der zehn Mal hin und her fährt, bevor er mit der Parkposition seines Sportwagens zufrieden ist. Ich erkenne ihn immer schon am Geräusch. Eigentlich muss ich gar nicht mehr rausschauen. Ich verstehe nicht, warum man einen Sportwagen hat, wenn man nicht mal vernünftig einparken kann. Ich kann mit Autos, mit denen ich noch nie gefahren bin, besser einparken als mein Nachbar.

0.39 Uhr: Ich höre Musik. Ich sollte eigentlich langsam ins Bett gehen, aber ich will noch nicht aufhören. Eine halbe Stunde später stehe ich im Bad und überlege, ob ich noch Zahnseide benutzen soll. Die Entscheidung dauert länger als die eigentliche Benutzung. Um kurz vor zwei liege ich im Bett und frage mich, wie lange das noch so weiter gehen soll. Ich fühle mich wie in einem dieser Filme, in dem der Protagonist den gleichen Tag wieder und wieder erlebt. Mit diesem Gedanken schlafe ich ein.

GHOST GIRL

Drei Jahre war sie jetzt schon tot. Drei Jahre hatte er versucht, darüber hinwegzukommen. Drei Jahre konnte er sie nicht vergessen.

„Maya Meyers ist tot!"

Dieser Satz hatte sein ganzes Leben verändert. Er hatte den einzigen Menschen verloren, der ihn je wirklich gekannt hatte. Den einzigen Menschen, den er je geliebt hatte.

Sie ist tot. Sie ist tot. Sie ist tot. Immer wieder versuchte er, sich das in den Kopf zu rufen, als er die Frau betrachtete, die ihm gegenüber saß. Sie blickte auf ihren Cocktail, während sie in langsam umrührte. Es war ein Bloody Mary, Majas Lieblingscocktail. Er hielt es nicht mehr aus und stand auf. Schnell lief er zum Ausgang. Er brauchte frische Luft. Als er sich draußen umblickte, sah er die Frau hinter sich. Sie war ihm nach gelaufen.

„Was willst du von mir?", schrie er sie an. Die Raucher drehten sich amüsiert zu ihm um.

„Komm mit!", sagte die Frau. Er schaute ihr nach, als sie an ihm vorbei lief und folgte ihr dann. In einer leeren Gasse blieben sie stehen.

„Wer bist du?", fragte er schließlich.

„Weißt du das nicht schon längst?", fragte sie.

„Das kann nicht sein."

„Offensichtlich schon."

„Maya?", fragte er unsicher.

„Ja", antwortet sie.

„Wie kannst du hier sein? Was machst du hier?"

„Ich weiß nicht, *wie* ich hier sein kann, aber ich weiß, warum ich hier bin."

„Und warum bist du hier?", fragte er.

„Weil du mich endlich loslassen musst. Ich bin seit drei Jahren tot. Du musst weiter machen."

„Aber ich kann nicht, ich kann nicht ohne dich weiter machen. Ich kann dich nicht vergessen. Maya, ich liebe dich!"

„Ich weiß, aber ich bin nicht mehr da. Und da ist dieses nette Mädchen, Laurel, die dich wirklich mag."

„Sie ist nicht du!"

„Niemand ist ich. Versteh das doch. Ich werde nie mehr zurückkommen."

„Ich kann mir ein Leben ohne dich nicht vorstellen."

„Was soll ich denn machen? Ich bin nun mal tot, aber ich möchte, dass du glücklich wirst. Und das geht nur, wenn du mich loslässt."

Ihm steigen die Tränen in die Augen.

„Maya, ich vermisse dich!"

Er geht einen Schritt näher an sie heran und greift nach ihren Händen, doch seine Hände greifen ins Nichts.

„Ich vermisse dich auch und ich wünsche mir so sehr, dass du glücklich wirst. Ich kann nicht mehr zusehen, wie du dein Leben wegen mir wegwirfst."

Auch sie beginnt zu weinen. Ihre Erscheinung wird langsam blasser.

„Was passiert mit dir?", fragt er.

„Meine Zeit ist begrenzt, ich muss jetzt gehen.", sagt sie.

„Bitte geh nicht."

„Ich muss. Denk an meine Worte."

„Ich liebe dich, Maya!"

„Ich liebe dich auch"

Und dann war sie weg. Alleine stand er in der Gasse und wischte sich die Tränen weg. Er atmete ein paar Mal ein und aus. Dann holte er sein Handy aus der Tasche und suchte eine Nummer heraus. Er rief an. Als jemand abhob, sagte er:

„Laurel?"

„Ja?", kam es aus der Leitung.

„Hier ist Ben."

FEUER

Ich kämpfte mich durch verschwitzte, tanzende Körper zur Tür und trat ins Freie. Ich sog die frische Luft ein und ließ meinen Blick hin und her wandern, bis ich jemanden entdeckte, den ich kannte. Mein Kollege stand rauchend neben dem Eingang. Zielstrebig ging ich auf ihn zu.

„Vila", sagte er, als er mich sah.

„Es ist viel zu heiß drinnen", sagte ich und er nickte.

Während wir uns unterhielten, bemerkte ich aus den Augenwinkeln, wie es um uns herum voller wurde. Männer in schwarzer Kleidung betraten den Hof. Die Muskeln in meinem Körper spannten sich an. Zu spät fiel mir auf, dass sie uns umzingelt hatten.

„Verdammt", murmelte ich. Ich merkte, wie die Flammen in mir aufstiegen. Mein Kollege sah mich mit hochgezogenen Augenbrauen an. Aus meinem luftigen Kleid wurde ein schwarzer Kampfanzug, als ich mich zu den schwarzbekleideten Männern drehte und meine Schwerter zog. Die Klingen leuchteten feuerrot auf. Als hätte ich ihnen damit ein Signal gegeben, kamen die Männer auf mich zu. Ich wirbelte die Schwerter durch die Luft. Ich traf Hälse, Brustkörbe und Arme, bis sich etwas um mein Handgelenk schlang. Mein Blick wanderte zu einer Peitsche, die mir im nächsten Moment das Schwert aus der Hand riss. Mit meinem Blick verfolgte ich sie bis zu ihrem Halter. Ein Grinsen kringelte sich um seine schmalen Lippen. Der Kreis, den die Männer um mich gebildet hatten, wurde kleiner. Immer näher und näher kamen sie. Ich wirbelte umher und trat zu, wenn mir jemand zu nah kam, doch es waren einfach zu viele. Herauskämpfen war keine Option mehr. Ich ließ mein Schwert fallen und schloss die Augen. Von innen heraus setze ich jede einzelne Zelle meines Körpers in Flammen, bis das Feuer meine Haut erreichte. Mit einem Impuls schossen aus meinem ganzen Körper Flammenzungen auf meine Angreifer. Sie versuchten, zurückzuweichen, doch für einige war es zu spät. Sie waren von Flammen umzingelt. Das Feuer in meinen Zellen verglühte und ich sank auf den Boden. Ich hatte nicht alle erwischt. Mit letzter Kraft griff ich nach meinen Schwertern, die neben mir auf dem Boden lagen. Meine Finger zitterten, als ich die Hefte zu fassen bekam. Anheben war unmöglich. Meine Augenlider waren schwer wie Blei. Langsam ließ ich den Kopf auf den Boden sinken. Es war vorbei. Dann knurrte der Himmel. Hatte ich so kurz vor meinem Tod Halluzinationen? Ich sammelte die Reste meiner Energie zusammen und öffnete meine Augen. Ein Motorrad kam aus der Luft auf mich zu geschossen. Jemand packte mich am Arm und zog mich auf das Fahrzeug. Ich lehnte meinen Kopf gegen seinen Rücken und erkannte am Geruch sofort, wer es war. Meine Arme versuchten, seinen Oberkörper so gut zu umklammern, wie es ging. Als ich Halt gefunden hatte, wanderte meine Hand Richtung Brusttasche. Ich steckte sie hinein und zog sie wieder heraus, als ich das kleine Kügelchen zwischen meinen Fingern spürte. Ich steckte die Kugel in meinen Mund und merkte sofort, wie meine Energie zurückkam. Als ich aufsah, berührten die Räder des Motorrads gerade den Boden und schlitterten darüber, bis wir zum Stehen kamen. Wir stiegen ab und nickten uns zu. Ich hob meine Schwerter und wirbelte sie durch die Luft. Die Feuerklingen verlängerten sich und schlugen wie Peitschen auf den Boden. Als ich sie wieder einholte, zogen sie zwei Männer mit sich. Ich drehte mich in der Menge umher und ließ Flammen auf die Angreifer rieseln. Einen nach dem anderen brachten wir zu Fall, bis wir Rücken an Rücken zwischen einem Haufen von Körpern standen. Wir drehten uns zueinander. In meinem Blickfeld erhob sich ein Körper. Ich hob meinen Arm und schleuderte mein Schwert. Es traf ins Schwarze. Ich sah in die dunklen Augen meines Gegenübers, als er sich zu mir hinunter beugte, um mich zu küssen. Mit meiner freien Hand strich ich über seine Wange. Dann lösten wir uns voneinander. Mit einem Schwenk seiner Hand löste sich mein Schwert aus der schwarzen Masse und flog auf mich zu. Ich streckte meine Hand aus und fing es auf.

„Ich glaube, du hast noch einiges zu erklären", sagte er. Ich drehte mich um und sah meine Kollegen am Rand des Chaos stehen.

DANKSAGUNG

Zu guter Letzt möchte ich mich noch bedanken. Anfangen möchte ich zunächst bei Leah, weil sie nicht nur über dieses Buch gelesen hat, sondern weil sie generell all meine Texte liest und mir immer Feedback und Ideen gibt. Und weil sie auf meine Blitzidee, dieses Buch zu veröffentlichen, so wunderbar reagiert und mich bei allen weiteren Schritten unterstützt hat.

Dann geht natürlich auch ganz viel Liebe und Dank an meine liebe Julika, vor der kein Rechtschreib- und Grammatikfehler sicher ist. Du hast mir nicht nur beim Korrigieren geholfen, sondern auch meinen Tag mit deinen Anmerkungen versüßt. ❤

Last but not least möchte ich Anni danken, die mir das wundervolle Cover gemalt hat. Trotz ihrer anfänglichen Zweifel ist es absolut fantastisch geworden.

Ich bedanke mich natürlich auch ganz herzlich bei den Leuten, die mir als Inspiration gedient haben, ohne es zu wissen.